地図で見る中東

中東は、中央アジア南部から、アラビア半島、ペルシア湾沿岸、地中海東岸、さらには北アフリカにまたがる地域です。この本では、東はアフガニスタンから西はモロッコ、北はトルコから南はイエメンまでの国々をふくめて紹介しました。

※1 パレスチナを国家とみとめている国もあるが、日本はみとめていない。
※2 自治政府所在地。
※3 イスラエルは首都と主張しているが、日本をふくめ国際的にはみとめられていない。

地図・写真・データで見る
中東の国々

Q&Aで知る 中東・イスラーム ⑤

地図・写真・データで見る 中東の国々

監修のことば

同志社大学大学院教授
内藤 正典

　中東の国々は、文化の面からみると、アラビア語を話す人が多い国、ペルシャ語を話す人が多い国、そしてトルコ語を話す人が多い国があります。宗教では、イスラーム（イスラーム教）を信じる人が多いのですが、ほかの宗教を信じる人もいます。中東というと、砂漠のイメージが強いですが、実際には地中海に面した地域などでは、雨もふります。中東の国々の国境線はイギリスやフランスによって引かれた線がもとになっていることが多いので、国民をひとつにまとめるには大きな苦労がありました。石油のとれる豊かな国もあれば、商業によって経済を支えてきた国もあります。ひとつひとつの国をおとずれながら、どのような特色があるのかをこの巻では見ていきます。

この本の使い方

この本では、中東の国々について、1見開きに1国ずつ、写真や地図をそえて解説しています。

地図
凡例は右ページを見てください。

国の位置
この見開きで紹介する国の位置を赤で示しています。

国情報
国旗や人口、※GDPなどの国の情報をまとめています。

国の大きさくらべ
国の大きさを日本とくらべています。

コラム
国の歴史や最近のできごとについて解説します。

※GDP（国内総生産）とは、一定期間内に国内で生産されたものやサービスの付加価値の総額です。

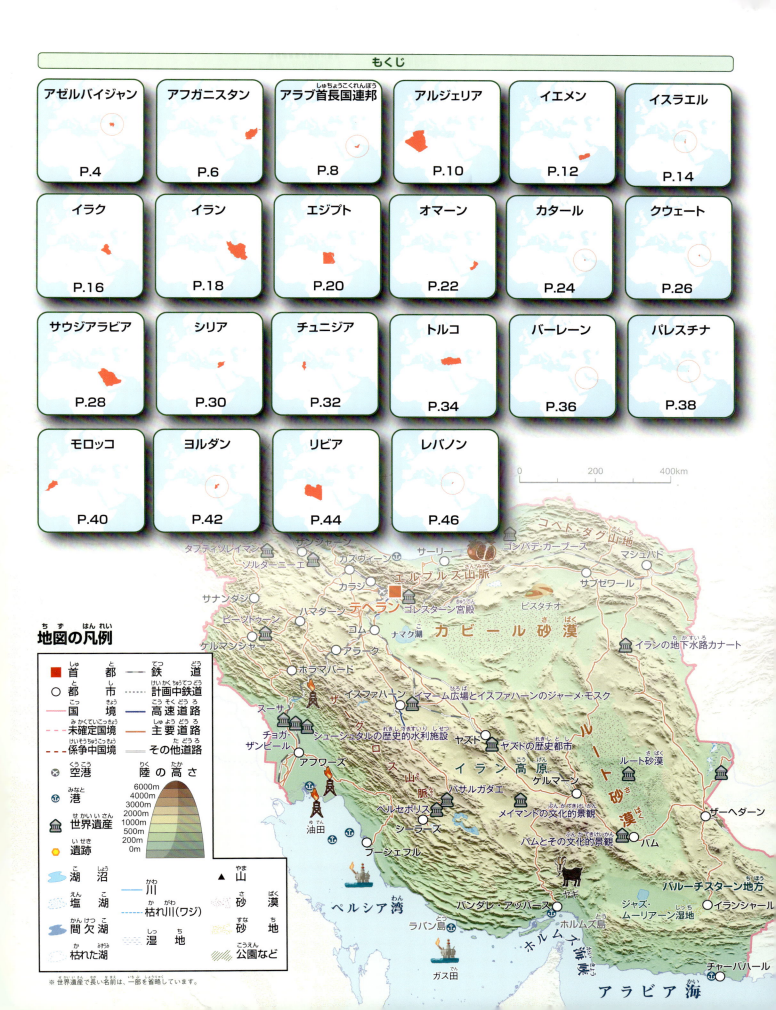

アゼルバイジャン

カスピ海西岸に面した交通の要衝

国土はおもに大小カフカス山脈などの山岳高原地帯と、広大な平地の草原地帯(ステップ)からなります。かつてはソ連(いまのロシア)を構成する1か国でした。一般的には中東にふくめませんが、言葉や宗教の面では中東に近い国です。石油のほか、鉄や銅、鉛などの鉱物資源も豊富です。国名は、もともとは周辺一帯をさす地域のよび方で、隣国のイランにもアゼルバイジャンという州があります。西の隣国アルメニアをはさんで、ナヒチェバンという飛び地をもっています。

■アゼルバイジャンと日本の大きさくらべ
面積は約8万6600km²。世界111位の広さで、日本の約4分の1。

アゼルバイジャンってどんな国?

アゼルバイジャンの国旗
青は空を意味しアゼルバイジャン人をふくむテュルク系民族の民族色、赤は独立を守りぬく決意、緑は国の自然としての農業と森林を表している。三日月と星はイスラーム(イスラーム教)の国であることを示す。8つの突起をもつ星を用いた国旗は、ほかには東ヨーロッパの国モルドバのみで、めずらしいシンボルだ。

正式国名 アゼルバイジャン共和国　**首都** バクー
人口 約990万人
通貨 マナト(1マナト=約65円)
宗教 イスラーム(シーア派が主流)
おもな言語 アゼルバイジャン語
おもな民族 アゼルバイジャン人、ロシア人、アルメニア人
おもな産業 石油・天然ガス産業、石油製品、鉄鉱
GDP(2016年) 378億4771万ドル(約4兆875億円)

首都バクーの街並み
近年、石油の利益によって急速に発展している。

ヒマワリ
国民に広く親しまれている。

アゼルバイジャンの子どもたち
カフカス山脈にある、羊飼いの村に住む子どもたち。アゼルバイジャンは羊毛の産地としても有名。

モミネ・ハトゥンの霊廟
ナヒチェバンにある、12世紀にたてられた霊廟。この地を治めていた君主の妃であるモミネ・ハトゥンが葬られている。

アゼルバイジャンに住むアルメニア人

20世紀のはじめまでロシア帝国に支配されており、その後はソ連の一部となりました。1991年にソ連が崩壊するとアゼルバイジャンも独立し、石油や天然ガスの輸出で経済を発展させています。国内にナゴルノ・カラバフ自治州というアルメニア人が多く住む地域があり、アルメニアの支援を受けた独立運動が問題になっています。

首都バクーの旧市街
バクーでは強風がふくことがあるため、その名も「風がふきつけた」という意味のペルシア語からきているという説もある。アラブやイラン、ロシアの影響を受けたさまざまな景観の街並みがのこる。

タリバン政権崩壊後も内戦の火種はまだ消えない
アフガニスタン

アフガニスタンは国土の大半が山岳地帯の国です。国の東部から中央部にかけて標高6000m級の山々が連なるヒンドゥークシ山脈がそびえており、高いところでは7600mに達します。国民の多くはイスラーム（イスラーム教）のスンナ派を信仰しており、国民はおもにパシュトー語やダリー語などのペルシア語系言語を話しています。政治が安定せず、長く内戦状態がつづいているため、工業などはそれほどさかんではなく、おもな産業は農業や牧畜となっています。

■アフガニスタンと日本の大きさくらべ
面積は約65万2000km²。世界40位の広さで日本の1.7倍だ。

ラピスラズリ
日本では瑠璃ともいわれる鉱物。宝石や青絵具の顔料として使われてきた。

じゅうたんを売る店
アフガニスタンはじゅうたんづくりでも有名。ブルカという全身をおおう外出着を着た女性が店をおとずれている。

アフガニスタンってどんな国？

アフガニスタンの国旗
黒は外国に支配された時代、赤は独立への戦い、緑はイスラームを表す。中央の紋章は門を開いたモスクで、上部に「アッラーのほかに神はなし。ムハンマドはアッラーの使徒なり」という聖句、その下に「アッラーは偉大なり」と書かれている。左右には、18世紀の国王が宗教指導者から贈られたという、神聖なムギの穂がえがかれている。

正式国名 アフガニスタン・イスラーム共和国　**首都** カーブル
人口 約2916万人
通貨 アフガニー（1アフガニー＝約1.6円）
宗教 イスラーム（スンナ派が主流）
おもな言語 ダリー語、パシュトー語
おもな民族 パシュトゥーン人、タジク人、ハザーラ人、ウズベク人
おもな産業 サービス産業、農業、鉱工業、製造業
GDP（2016年） 194億6902万ドル（約2兆1026億円）

首都カーブルの街並み
山岳地帯の多い国で、首都の背後にも高い山がそびえている。古代インドや古代エジプトの書物にも名前がみられる古い都市だ。

バーミヤン古代遺跡群
2001年、タリバン政権がイスラームの偶像崇拝の禁止に反しているとして、石窟（中央）の中の大仏を破壊した。

赤いチューリップ
アフガニスタンの国花。

アフガニスタンとタリバン

　アフガニスタンは、19世紀にイギリスの支配下にはいりましたが、1919年に王国として独立しました。1973年に王政がたおれると、ソ連（いまのロシア）の軍事介入や、※タリバンとの内戦などによって国土が荒廃してしまいます。2001年のアフガニスタン戦争（→1巻12ページ）でタリバン政権は崩壊しましたが、最近ふたたび活動が活発になっています。アメリカ軍などの駐留がその原因ともいわれますが、撤退は実現していません。

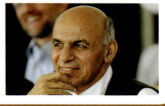

アシュラフ・ガーニ大統領
2014年に就任したアフガニスタンの第2代大統領。過激派組織の台頭など問題は山積している。

ヘラートで開かれているヤギの市場
ヤギはヒツジとならんでアフガニスタンではなじみ深い家畜だ。

※タリバン……アフガニスタンのイスラーム過激派組織。タリバンとは神学生という意味。（→1巻10ページ）

アラブ首長国連邦

7つの首長国の連邦国家

アラブ首長国連邦は、7つの首長国からなる国です。首長国とは「首長」（アラビア語ではアミール）とよばれるイスラーム（イスラーム教）の君主によって治められている国のことで、UAE という略称でもよばれます。国土の大半が砂漠であるため農業などには向きません。主要な産業は石油採掘で、世界有数の石油産出国であり、輸出国でもあります。また、石油が枯渇することも視野に入れて、金融業や観光業による国の発展にも力を注いでいます。

■アラブ首長国連邦と日本の大きさくらべ

面積は約8万4000 km²で、世界113位。北海道と同じくらいの広さ。

パームアイランドと高級住宅地の航空写真
ヤシの木（パームツリー）をかたどった世界最大の人口島。高級ホテルや別荘地、商業地区などで構成されている。

国の位置

プロサッカーチームのスタジアム
スポーツもさかんで、世界的な大会の誘致にも積極的。

アラブ首長国連邦ってどんな国？

アラブ首長国連邦の国旗
赤緑白黒の4色は、イスラーム成立初期の4代のカリフ（→2巻14ページ）を表している。この4色は古くからイスラームの色とされ、アラブ諸国の国旗によく用いられる。緑は豊かな土地、白は清く正しい生活、黒は戦争、赤は血と勇気を表している。大統領が用いる旗は、国旗のデザインを基調に、中央に国章がはいる。

正式国名 アラブ首長国連邦　**首都** アブダビ
人口 約927万人
通貨 ディルハム（1ディルハム＝約30円）
宗教 イスラーム（スンナ派が主流）
おもな言語 アラビア語
おもな民族 アラブ人
おもな産業 石油・天然ガス産業、建設、サービス産業
GDP（2016年） 3487億4326万ドル（約37兆6642億円）

近代的なビルがたちならぶドバイ市街
オイルマネーをもとに急速に整備された。中東の金融センターであり、商業の中心。観光客も多数おとずれ、2014年には年間1300万人をこえた。

ドバイの伝統的な市場
アラブ社会の伝統的な雰囲気をいまに伝える市場スークものこる。

市街にとなりあう砂漠
街の外へ少し足をのばせば、ラクダもいる砂漠が広がる。

マリーゴールド
国を代表する花とされる。
Binh Thanh Bui/Shutterstock.com

ヨーロッパからの独立と連邦結成

現在のアラブ首長国連邦にあたる地域は、イスラーム帝国、オスマン帝国、ポルトガルやオランダなどの支配を受けてきました。19世紀末に一帯はイギリスの保護領となりましたが、1968年にイギリスが撤退すると、首長国どうしの連邦結成が話しあわれ、1971年にアブダビとドバイを中心に6首長国で独立。翌年ラス・アル・ハイマがくわわって現在の7首長国の連邦になりました。

アラブ首長国連邦のナヒヤーン大統領
大統領をアブダビ首長が、副大統領をドバイ首長がつとめることになっている。首長は世襲なので、大統領と副大統領も特定の家柄の者だけが就任できる役職となっている。写真は現大統領のハリーファ・ビン・ザーイド・アール・ナヒヤーン。

旧フランス領で、国土の大半を砂漠がしめる国
アルジェリア

国土の大半は広大なサハラ砂漠ですが、北部のアトラス山脈と地中海沿岸地方では雨も多く、植物が豊かに育つ農業地帯となっています。おもな産業は石油と天然ガスで、その利益をもとに鉄工業などの重工業が成長しています。地中海側は多くの遺跡があることでも知られています。東西の隣国、チュニジアとモロッコをくわえてマグレブ三国とよばれることもあります。マグレブとはアラビア語で日のしずむところ、西という意味で、アラビア半島から見て西にあたる北西アフリカをさします。

■アルジェリアと日本の大きさくらべ
面積は約238万km²。世界10位でアフリカ最大。日本の面積の6.3倍。

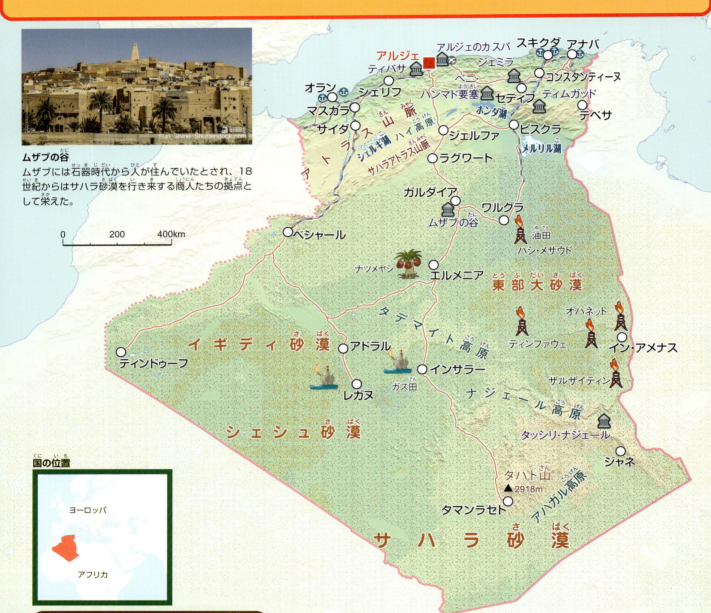

ムザブの谷
ムザブには石器時代から人が住んでいたとされ、18世紀からはサハラ砂漠を行き来する商人たちの拠点として栄えた。

国の位置
ヨーロッパ
アフリカ

アルジェリアってどんな国？

アルジェリアの国旗
白は平和を表し、緑は繁栄を表している。国旗中央の三日月と星はいずれもイスラームのシンボルであり、血を意味する赤でえがかれている。赤と緑の色あいや三日月と星の位置も精密に定められている。フランスの植民地時代は、フランスと同じ青白赤の3色が使われた国旗だったが、独立戦争のときからこの旗が使われた。

正式国名　アルジェリア民主人民共和国　首都　アルジェ
人口　約3967万人
通貨　アルジェリアン・ディナール（1アルジェリアン・ディナール＝約1円）
宗教　イスラーム（スンナ派が主流）
おもな言語　アラビア語、ベルベル語
おもな民族　アラブ人、ベルベル人
おもな産業　石油・天然ガス産業
GDP（2016年）　1590億4909万ドル（約17兆1773億円）

ヨーロッパのおもかげをのこす首都アルジェの街並み
旧市街にはフランス風の街並みがのこり、かつては「北アフリカのパリ」とよばれた。

タッシリ・ナジェール
タッシリ・ナジェールとはサハラ砂漠にある山脈で、ほとんどが砂岩でできている（上）。洞窟などに、この地がまだ湿潤な気候だった新石器時代にえがかれた岩絵がのこっている（下）。

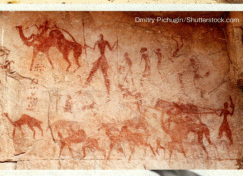

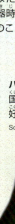

バラ
国を代表する花として好まれている。
Soyka/Shutterstock.com

古代ローマのジェミラ遺跡劇場
ジェミラとは美しいという意味のアラビア語。古代ローマ時代の遺跡だが、アルジェリアの山がちな地形に合わせて建築されている点が特徴的。

フランスからの独立と内戦

　アルジェリアは、1954年にはじまるフランスとの独立戦争をへて1962年に建国されました。社会主義体制をしきましたが、その後おこなわれた自由な選挙ではイスラーム政党が勝利します。しかし不満をもった軍が1992年にクーデターで実権をにぎると、政治が不安定になり、2002年まで軍とイスラーム組織とのあいだで内戦となりました。いまも政治はやや不安定です。

アルジェの市場
白いかべの地中海風の建物が、数多くたちならぶ。より内陸部の旧市街にはイスラーム風の建築がのこる。中東とヨーロッパがまざったような街並み。

もともとは南北でふたつの国だった
イエメン

紀元前7世紀ごろ、現在のイエメンで栄えたサバア王国の時代は、インド洋と紅海を舞台とする貿易拠点として繁栄し、「幸福のアラビア」ともよばれました。その後多くの王朝がこの地で栄えました。国土のほとんどは高地と砂漠地帯で、紅海とアデン湾の沿岸地域に平野が広がっています。高地では雨が多いのですが、内陸の平野は乾燥しています。そのため、農業に向いた土地は多くはありませんが、海沿いでは漁業がさかんです。アラビカ種のコーヒー豆の産地としても世界的に有名です。

■イエメンと日本の大きさくらべ
面積は約55万5000km²で、世界49位。日本の1.5倍の面積だ。

シバームの旧城壁都市
長い歴史をもつ高層住宅群で、建物は泥レンガでつくられている。1982年に世界遺産に登録されたが、大雨で地盤がゆるんだ結果、2015年に危機遺産となった。

国の位置

イエメンってどんな国？

イエメンの国旗
北イエメンが独立したときの国旗は、赤地に白い剣がえがかれたものだったが、王政廃止後は、現在の国旗の中央に緑の星がついたデザインとなった。南イエメンは、現在の国旗の左側に水色の三角形と赤い星というデザインの国旗を用いていた。1990年に南北が統一した際、現在のアラブカラーとされる赤白黒の三色旗となった。

正式国名 イエメン共和国　**首都** サヌア
人口 約2747万人
通貨 イエメン・リアル（1イエメン・リアル＝約0.4円）
宗教 イスラーム（スンナ派がやや多い）
おもな言語 アラビア語
おもな民族 アラブ人
おもな産業 石油・天然ガス産業、農業、漁業
GDP（2016年） 273億1760万ドル（約2兆9503億円）

首都サヌアの街並み
世界遺産でもあるサヌアは3000年の歴史をもつ古い街。シバーム（左ページ写真）とは少しちがうレンガづくりの高層建築がならぶ。

サヌア旧市街の市場
旧市街では昔ながらの市場が市民の生活を支えている。旧市街にはつくられてから1000年以上たつ古い建物もあるという。

モカコーヒーの豆
イエメンはコーヒーでも有名。モカコーヒーの名前は、イエメンの港モカから出荷されたことにちなむ。

コーヒーノキ
モカコーヒーで知られるイエメンの国樹だ。

アデンの港町
ヨーロッパとインドをむすぶ交通の要衝として発展。植民地時代には、ここにイギリス海軍基地が建設された。南イエメンの首都でもあった。

独立から統一、そして内戦へ

イエメンは、第一次世界大戦まで南部をイギリス、北部をオスマン帝国が支配しており、20世紀に南北が別々の国として独立しました。1990年に南北が統一、現在のイエメンとなりました。旧南北の対立をへて独裁政権が誕生しましたが、民主化運動によって崩壊しました。現在はイランの支持するフーシ派などの反政府勢力と、サウジアラビアなどの支援を受ける政権とのあいだで内戦状態となっています。

内戦で破壊された街
内戦によって国じゅうが大きな損害を受けている。とくに上下水道や医療施設が破壊されたことによる衛生状態の悪化から、コレラが大流行している。飢えや食料不足などもあって、国連は、人道の危機にあると警告している。

聖書の世界をいまに伝える遺跡の宝庫
イスラエル

イスラエルはヘブライ語で「神に勝つ者」といった意味で、ユダヤ人の祖先とされるヤコブの別名です。近隣の国々の大半がイスラーム（イスラーム教）ですが、イスラエル国民が信じるおもな宗教はユダヤ教です。アラブ系パレスチナ人とのあいだで帰属をめぐって対立がつづくエルサレムは長い歴史をもつ都市で、イスラーム、キリスト教、ユダヤ教、3つの宗教の聖地でもあります。砂漠では、植林などによる緑化が進められています。また、工業やハイテク産業も発達しています。

■イスラエルと日本の大きさくらべ
面積は約2万km²で、世界150位。東京、神奈川、千葉、埼玉を合わせたぐらいの面積。

国の位置

ダイヤモンドの研磨加工
イスラエルでは、ダイヤモンドの原石をみがいて加工する産業がさかん。

受胎告知教会（上）と聖母マリアの井戸（下）
イエス・キリストが育ったナザレにある。この街でくらしていたマリアは、神の子を身ごもったことを天使に告げられたという。

※1 シリア領だが、イスラエルが占領している。
※2 イスラエルは首都と主張しているが、日本をふくめ国際的にはみとめられていない。

一面に農地が広がるエズレル平野
かつてはあれ地ばかりだったイスラエルだが、建国後、世界じゅうから入植したユダヤ人により開拓され、中東有数の農業国となっている。

エーラトの海水浴場
イスラエルにある、紅海に面したリゾート地。

イスラエルってどんな国？

イスラエルの国旗
1897年、ユダヤ人のふるさととなる国をつくるための会議が開催され、国旗もそこで制定された。上下の青い帯は、男性ユダヤ教徒が礼拝の際に身に着けるタリットという肩掛けを表している。また、青と白は『旧約聖書』に出てくる預言者モーセの時代までさかのぼる民族の色とされる。中央の星はユダヤ人を象徴するダビデの星。

正式国名　イスラエル国
首都　エルサレム※2
人口　約868万人
通貨　新シェケル（1新シェケル＝約32円）
宗教　ユダヤ教75％、イスラーム17.5％、そのほか7.5％
おもな言語　ヘブライ語、アラビア語
おもな民族　ユダヤ人、アラブ人
おもな産業　鉱工業、農業
GDP（2016年）　3177億4478万ドル（約34兆3164億円）

エルサレム旧市街（手前）と新市街（奥）
近代的なビル群からすぐの場所に古い街並みがのこる。金色の屋根の建物はイスラームの聖地である岩のドームで、ムハンマドは建物内の巨岩から天にのぼったとされる。

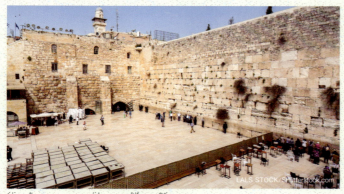

国を追われたユダヤ人たちの嘆きの壁
紀元前20年ごろ、ヘロデ王がたてたエルサレム神殿の外壁。神殿はユダヤ人にとってもっとも神聖な場所だったが、1世紀にローマ帝国に反乱をおこして破壊され、のこった壁は国を追われたことを嘆く場所とされた。

過越（ペサハ）の食卓
はるか昔モーセに率いられてエジプト王国から脱出したことを祝い、その苦難を忘れないためにおこなわれる祭り。家で祝宴を開く。

オリーブの実
イスラエルの国樹。『旧約聖書』によれば、ハトがオリーブの葉をくわえてきたことで、預言者ノアは大洪水が終わったことを知ったという。

イスラエルとパレスチナの対立

第二次世界大戦後、パレスチナとよばれる地中海東岸の地域を、アラブ国家とユダヤ国家のふたつに分けることが国連によって決定され、1948年にイスラエルが独立しました。イスラエルは独立をみとめないアラブ諸国との4度にわたる中東戦争の結果、ゴラン高原やエルサレムを占領しました。いまも占領しつづけ、アラブ諸国との対立がつづいています。

ヘブロン
ユダヤ人とアラブ人の共通の先祖とされる、一神教の預言者アブラハムの墓がある。パレスチナ自治区にあるアラブとユダヤ双方にとっての聖地。パレスチナの世界遺産として登録されたため、ユダヤ教国イスラエルが反発している。

世界でいちばんはやく生まれた文明の地
イラク

イラクは、国土のまん中を流れるティグリス川・ユーフラテス川をはさんで、北部にはザーグロス山脈が、西部にはシリア砂漠の高地が広がっています。ふたつの川にはさまれて土地の肥えたメソポタミアは、世界最古の文明が栄えたことで知られています。現在でも川の水を利用した小麦や大麦、ナツメヤシなどの栽培がおこなわれています。メソポタミアは世界有数の油田地帯としても知られており、2015年の石油生産量では世界第4位、埋蔵量では世界第3位です。

■イラクと日本の大きさくらべ
面積は約43万8000km²で、世界58位。日本の1.2倍の面積だ。

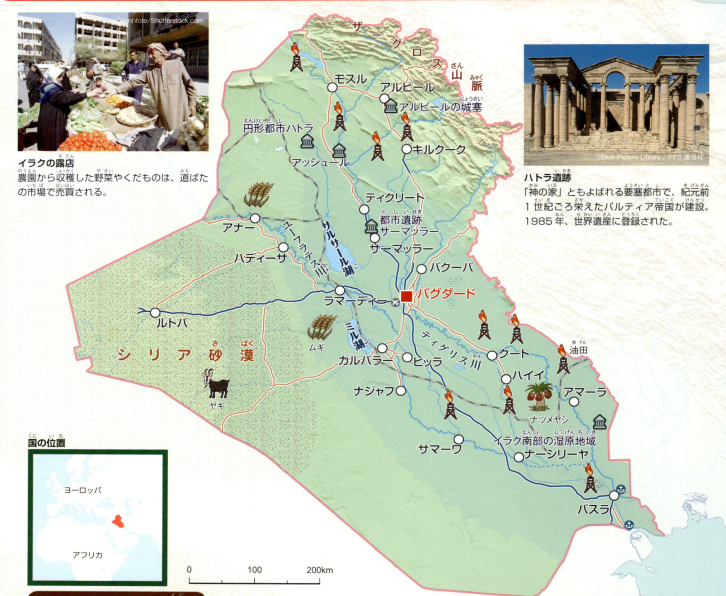

イラクの露店
農園から収穫した野菜やくだものは、道ばたの市場で売買される。

ハトラ遺跡
「神の家」ともよばれる要塞都市で、紀元前1世紀ごろ栄えたパルティア帝国が建設した。1985年、世界遺産に登録された。

国の位置

イラクってどんな国？

イラクの国旗
イラク王国時代は、黒白緑の3色と、旗の左に赤い部分のある国旗だった。王政廃止後にデザインが変更され、フセイン政権時代にほぼ現在と同じ赤白黒の三色旗となった。中央には3つの緑の星と、手書き文字の「アッラーは偉大なり」というアラビア語が配置されたが、イラク戦争後、星がなくなり、文字も活字体になった。

正式国名 イラク共和国　**首都** バグダード
人口 約3720万人
通貨 イラク・ディナール（1イラク・ディナール＝約0.1円）
宗教 イスラーム（シーア派が主流）
おもな言語 アラビア語、クルド語
おもな民族 アラブ人、クルド人、トルクメン人
おもな産業 石油産業
GDP（2016年） 1714億8900万ドル（約18兆5208億円）

バグダードの街並み
近代的なビルのなかにモスクがたつ、中東らしい街並み。湾岸戦争、イラク戦争からの復興は進んでいるものの、戦闘で破壊された建物もまだ多くのこっている。

ティグリス川とユーフラテス川にはさまれたメソポタミア地域
かんがい農業が発達したことで、人々が定住して都市をつくるようになり、それが世界初の文明を生むこととなった。

シリア砂漠
イラク、シリア、ヨルダンにまたがる砂漠地帯で、周辺では遊牧民によるヤギの飼育などがおこなわれている。

赤いバラ
イラクの国花とされている。

イラクとクルド人問題

イラクは、オスマン帝国やイギリスの支配をへて、1932年に王国として独立しましたが、やがてクーデターで王制から共和制に移行します。1991年の湾岸戦争（→2巻44ページ）や、2003年のイラク戦争（→1巻14ページ）、2014年以降の過激派組織ISの勢力拡大によって国内は荒廃しました。独立をもとめる少数民族クルド人が、ISを倒すための戦闘で力を増したため、居住国との対立は深まっています。

クルド人の子どもたち
独自の国をもたない世界最大の少数民族といわれ、トルコ、イラク、イラン、シリアにまたがってくらしている（→1巻30ページ）。

イラン

かつてペルシアとよばれた、シーア派の多い国

かつてはペルシアとよばれた地域で、おもな言語はペルシア語です。シーア派ムスリム（イスラーム教徒）が多い国としても知られています。国土の大半が砂漠と高原地帯ですが、気候は地域によって大きく異なります。カスピ海沿岸では農業が、ペルシア湾側では石油産業がさかんです。また、自動車産業や重化学工業も発達しています。かつては帝政国家でしたが、1979年のイラン革命によって、イスラーム法（シャリーア）にもとづく政治体制にかわりました。

■イランと日本の大きさくらべ
面積は約164万8000km²で、世界17位。日本の4.4倍の面積だ。

ペルセポリス遺跡
「ペルシア人の都市」を意味する遺跡。紀元前518年に建設がはじまり60年かけて完成した。紀元前330年にアレクサンドロス大王によって破壊された。
Richard Yoshida/Shutterstock.com

イランってどんな国？

イランの国旗
緑はイスラーム、白は平和、赤は勇敢さを表す。緑の下部と赤の上部には、それぞれ11回ずつ計22回「アッラーは偉大なり」と書かれている。回数の22はイラン革命を指導したホメイニ師が、パリから帰還したイスラーム暦11月22日にちなむ。中央には赤い剣と4つの三日月でアッラーと書かれている。

正式国名	イラン・イスラーム共和国
首都	テヘラン
人口	約8000万人
通貨	イラン・リアル（1イラン・リアル＝約0.003円）
宗教	イスラーム（シーア派が主流）
おもな言語	ペルシア語、トルコ語、クルド語
おもな民族	ペルシア人、トルコ人、クルド人
おもな産業	石油産業
GDP（2016年）	4189億7667万ドル（約45兆2494億円）

イランの首都テヘラン
人口1200万人の大都市で、イラン高原の標高1200mの高地にある。

ペルシアじゅうたん
原材料はおもに羊毛。イランを代表する工芸品で、その歴史は紀元前からつづいている。

ペルシア式カナートの内部
紀元前につくられた地下用水路。国内に数多くのこっており、11か所が世界遺産となっている。

バラ
国花で、香料の原料やじゅうたんのもようとして好まれる。

イランの女性
おしゃれなファッションを好み、顔をかくさない女性も多い。

イラン革命でイスラーム国家に

　1925年に、クーデターで権力を握った軍人が即位して皇帝パフレヴィー2世になると、イランは帝政国家として独立しました。第二次世界大戦後は、イギリスやアメリカの支援を受けて急激な近代化を目指しますが、失敗して経済危機におちいります。そうしたなか民衆の不満などを背景に1979年にイラン革命がおこり、以後イランはイスラーム教シーア派が強い力をもつ国にかわりました（→2巻40ページ）。

ホメイニ師（1902〜1989）
パフレヴィー体制を批判し、パリに亡命していたが、イラン革命がおこると、帰国して革命を指導した。

長い歴史をもつ、ナイル川流域の古代文明発祥の地

エジプト

人類最古の文明がはじまった地域のひとつで、紀元前3000年ごろにはすでに国ができており、ピラミッドがつくられ、ヒエログリフとよばれる象形文字が使われるなど、高度な文明が発達していました。国土のほとんどが砂漠で、国民の大半はナイル川下流域から地中海沿岸にかけての地域でくらしています。ナイル川流域での綿花やサトウキビの栽培といった農業のほか、工業や観光などの産業もさかんです。そのほか、スエズ運河の通航料も国の重要な収入となっています。

■エジプトと日本の大きさくらべ
面積は約100万km²で、世界29位。日本の2.6倍の面積だ。

地中海と紅海をつなぐスエズ運河
1869年開通。運河の完成によって、ヨーロッパとアジアのあいだを、アフリカの喜望峰を迂回せずに航海できるようになった。

牛の世話をするエジプト南部の少年
現在のエジプト人は、古代エジプト人とその後エジプトに移住したアラブ人の子孫。

国の位置

エジプトってどんな国？

エジプトの国旗
1952年のクーデターによる王政廃止後、1958年にシリアと合同で建国したアラブ連合共和国の国旗が原形。赤は革命とそこで流れた血、白は明るい未来、黒は暗い過去を表す。国旗の中央にえがかれた金色のシンボルはサラディンの鷲というエジプトの国章で、鷲の足元にはアラビア語で国名が書かれている。

正式国名　エジプト・アラブ共和国　首都　カイロ
人口　約9304万人
通貨　エジプト・ポンド（1エジプト・ポンド＝約6.2円）
宗教　イスラーム（スンナ派が主流）
おもな言語　アラビア語
おもな民族　アラブ人
おもな産業　製造業、石油・天然ガス産業、農林水産業
GDP（2016年）　3327億9104万ドル（約35兆9414億円）

カイロ市街を流れるナイル川
雨の多いアフリカ中部から流れだした豊富な水が、ナイル川となって雨の少ないアフリカ北部へと運ばれる。この水の恵みがエジプト文明をつくった。

「王家の谷」にある王墓の壁画
王の功績やエジプトの神などが、壁画や象形文字でえがかれている。ルクソールにある王家の谷では、古代エジプト王国時代の王墓が数多く発見されている。

ギザのピラミッドとスフィンクス（左手前）
エジプトを象徴する古代建築で、世界でもっとも有名な遺跡といわれている。

スイレン
太陽を象徴するといわれるエジプトの国花。

エジプトの政治対立

　16世紀以来、エジプトはオスマン帝国領でしたが、19世紀末にイギリスの保護国となりました。1922年に独立して王国となりましたが、1952年のクーデターで王政から独裁的な国家となります。2011年の「アラブの春」（→1巻16ページ）によって、イスラーム（イスラーム教）に忠実なムスリム同胞団が政権につきましたが、政権運営に失敗します。現在は、武力で政権をうばった軍が政権をになっています。

ムスリム同胞団の女性たち
イスラームの政治組織で、病院建設や金銭援助など、穏健派の活動が支持を得ている。いっぽうで過激派の側面もあり、現在はテロ組織として弾圧されている。写真は2012年のエジプト議会でのようす。

古くは港湾を中心とした貿易で栄えた国
オマーン

■オマーンと日本の大きさくらべ

面積は約31万km²で、世界70位。日本の5分の4の面積だ。

国土の大半が砂漠ですが、古くは港湾都市のマスカットを中心に貿易で栄えていました。海沿いの地域は豊かな土地で農業に向いていますが、内陸部ではワジ（枯れ川）はあっても、川らしい川がないため、オアシスの地下水を利用した農業が発展しました。そのほかの地域は砂漠が多く、牧畜などもおこなわれてきました。20世紀のなかばに石油が発見されてから経済が大きく発展しましたが、埋蔵量がかぎられているため、石油以外の産業を育てることが課題となっています。

乳香の土地「フランキンセンスの国土」
乳香とはフランキンセンスともよばれるカンラン科の木の樹脂で、香水などに使われる。おもな産地である「フランキンセンスの国土」は乳香貿易で発展した古代都市の遺跡として、世界遺産に登録された。

古代都市アル・アインのネクロポリス
ネクロポリスとよばれる古代都市の大規模な墓所の遺構。バットのネクロポリス、アル・フトゥムの塔などとともに世界遺産に登録されている。

オマーンってどんな国？

オマーンの国旗
赤は国防、白は平和、緑は農作物による繁栄を表す。国旗左上の紋章はオマーンの国章で、短剣ハンジャルと2本の太刀を組みあわせたもの。国王の権威の象徴でもある。もともとは中央の赤い帯がほかの2色より細かったが、1995年の独立25周年のときにほかの帯とはばをそろえる形に変更された。

正式国名　オマーン国　首都　マスカット
人口　約456万人
通貨　オマーン・リヤル（1オマーン・リヤル＝約287円）
宗教　イスラーム（イバード派※が主流）
おもな言語　アラビア語
おもな民族　アラブ人
おもな産業　石油産業、農業、漁業、観光業
GDP（2016年）　662億9336万ドル（約7兆1596億円）

※イバード派……スンナ派やシーア派から7世紀ごろに独立した宗派。寛容が特徴。

マスカットのマトラ地区
オマーン最大の港であるスルタン・カーブース港がある地区で、オマーンでもっとも古い市場マトラ・スークもある。

海の貿易で栄えたバハラ城塞
遊牧民やペルシア人の侵入を防ぐために13～14世紀に築かれた。日干しレンガでつくられたオマーン最大規模の城塞で、周囲の長さは12kmもある。

ナハルのナツメヤシ農園
オマーンはナツメヤシの生産でも有名。デーツともいい、乾燥させたものは特産品として世界に輸出されている。ナハルは、北部のオアシスの街。子どもたちがナツメヤシを干している。

赤いバラ
国花として親しまれている。

オマーンの発展

　オマーンはペルシア湾、インド洋の交通の要に位置し、18世紀なかばに成立した王朝ブー・サイード朝は、水陸の貿易で発展しました。アラビア半島有数の勢力となり、一時はアフリカ大陸の現在のタンザニア周辺まで支配しましたが、1891年にイギリスの保護国となり、1970年に独立。現在は、民主的な国家として発展を目指しています。

短剣ハンジャル
独特の形状をしたオマーンの伝統的な短剣。そのデザインは国章や国旗にも用いられている。

ペルシア湾につきだした半島の天然ガス生産国
カタール

国土全体がペルシア湾につきでた半島で、面積はせまいながらも石油や天然ガスを産出し、天然ガスの埋蔵量は世界第3位です。日本も多くの液化天然ガスを輸入しています。国は豊かで、教育・医療・福祉ともに充実しています。湾岸諸国のなかではじめて女性の参政権をみとめた国でもあり、中東のニュースを伝える衛星テレビ局のアル・ジャジーラがあることでも有名です。2022年には、サッカーのワールドカップ大会が開催される予定です。

■カタールと日本の大きさくらべ
面積は約1万1000km²で、世界159位。秋田県ぐらいの面積だ。

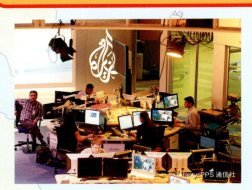
アル・ジャジーラ
ドーハに本社を置く衛星テレビ局。自由な放送方針で、2011年の「アラブの春」(→1巻16ページ)でも大きな役割を果たした。

液化天然ガス施設
カタールのペルシア湾側には大量の天然ガスが埋蔵されている。海底で採掘された天然ガスは陸の施設で加工される。ノースフィールドガス田は世界でも指折りの埋蔵量を誇る。

国の位置

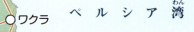

カタールの砂漠
カタールの国土の大半は砂漠で、その下にはドゥハーン油田が確認されている。

カタールってどんな国？

カタールの国旗
白は平和、赤茶色は戦争で流れた血を表す。赤茶色の部分はもともと赤色だったが、ほかの国と区別するためにかえたとも、染料のせいで変色した色を受けいれたともいわれる。9つのギザギザは、9つの首長国(カタール、バーレーン、およびアラブ首長国連邦を構成する7首長国)を表すとも、9つの国内行政区を表すともいわれる。

正式国名 カタール国　**首都** ドーハ
人口 約267万人
通貨 カタール・リヤル(1カタール・リヤル=約30円)
宗教 イスラーム(スンナ派が主流)
おもな言語 アラビア語
おもな民族 アラブ人
おもな産業 石油・天然ガス産業
GDP (2016年) 1524億5192万ドル(約16兆4648億円)

超高層ビルがたちならぶ首都ドーハの市街
カタールの人口の60％が、首都ドーハに住んでいる。近年は外国人労働者をふくめて人口が急増しており、住宅不足が大きな問題になっている。

市街地の近くで体を休めるラクダ
周囲に砂漠が広がるドーハでは、ラクダ市も開かれる。

カーネーション
カタールの国花とされている。
Surrphoto/Shutterstock.com

城壁にかこまれたアル・ズバラ考古遺跡
ペルシア湾に面した港町の遺跡で、かつては西アジアとインド洋をむすぶ交易と、天然の真珠の産地としても栄えた。

カタールの外交危機

　1971年にアラブ首長国連邦が結成されましたが、カタールはこの連邦にくわわらず単独で独立しました。独立後は政治が不安定で、政権交代がくり返されています。2017年には、サウジアラビアなどの7か国から、国交を断絶される外交危機が発生しました。原因は、サウジアラビアと仲の悪いイランへの接近や、サウジアラビアがテロ組織としているムスリム同胞団への支援などが原因とされています。

カタールと断交した国
アラブ首長国連邦、イエメン、サウジアラビア、バーレーンといったアラビア半島4か国のほか、エジプト、モーリタニア、モルディブの3か国が断交した。

世界で2番目に大きい油田をもつ産油国
クウェート

日本の四国と同じくらいの面積をもち、ペルシア湾に面した、本土と北東部の9つの島からなる国です。国土のほとんどが砂漠で、起伏にとぼしい平地でもあるため、国内でもっとも高い場所でも標高300mほどしかありません。世界でも屈指の石油産出国で、埋蔵量は世界第5位です。豊富な石油収入で、教育の無償化や医療の充実化、海水を真水にかえる工場などの建設や運営を進めています。国民の大半が、国家公務員あるいは国営企業の従業員です。

■クウェートと日本の大きさくらべ
面積は約1万8000km²で、世界153位。四国とほぼ同じ面積だ。

石油の池 ブルガン油田
世界で2番目に大きな油田。サウジアラビアのガワール油田に次ぐ規模で、石油が自然にわきだし、池のようになっている。

2011年6月19日に独立記念日を祝う人々
イギリスからの独立50年、湾岸戦争終戦から20年を祝う。

国の位置

クウェートってどんな国？

クウェートの国旗
縦にならんだ3色は、緑が繁栄、白が純潔と高貴さ、赤が勇気と聖戦で流された血を表し、左の黒は、戦場と、そこで戦うクウェートの騎士が巻きあげる砂ぼこりを表す。4つの色はイスラーム世界でよく使われる組みあわせで、それぞれの色はイスラーム成立初期の4代のカリフ（→2巻14ページ）をも表している。

正式国名 クウェート国　**首都** クウェート
人口 約428万人
通貨 クウェート・ディナール（1クウェート・ディナール＝約367円）
宗教 イスラーム（スンナ派が主流）
おもな言語 アラビア語
おもな民族 アラブ人
おもな産業 石油産業
GDP（2016年） 1108億7557万ドル（約11兆9745億円）

超高層ビルがたちならぶクウェート市街
1990〜1991年のイラクによる侵攻で大きな被害を受けたが、現在は復興している。

クウェート市にある屋根つき市場
屋根のおかげで、砂嵐や強い日光をさけることができる。

ハイビスカス
南国の花ハイビスカスが広く親しまれている。

クウェート・タワー
展望台やレストランがはいった施設。給水塔としても使われている。クウェートのランドマークとしてデンマークの建築家がデザインし、1979年に完成した。

隣国イラクとの深い関係

クウェートは19世紀末からイギリスの植民地でしたが、1961年に独立すると、イラクとの紛争が発生しました。オスマン帝国時代にひとつの地域だったため、イラクがクウェートをもともとは自分の国の一部だとみなしたからです。
1991年の湾岸戦争でも、前年にクウェートにせめこんだイラクのフセイン大統領（当時）は、この主張をくり返しました。

湾岸戦争でイラク軍に燃やされ破壊された車
湾岸戦争（→2巻44ページ）で敗色が濃くなったイラク軍は、クウェートからの撤退時に、国道の車に火をはなった。

サウジアラビア

イスラームのふたつの聖地メッカとメディナがある国

　サウジアラビアは、イスラーム（イスラーム教）をきびしく守る国として知られています。『クルアーン（コーラン）』そのものが憲法となっていますが、近年は法の制度改革も少しずつはじまっています。石油輸出量は世界一で、住民の25％が海外からの出稼ぎ労働者です。メッカとメディナというイスラームの二大聖地があるため、世界じゅうから多くのムスリム（イスラーム教徒）が巡礼におとずれます。とくに巡礼月といわれるイスラーム暦12月には、200万人近い巡礼者がやってきます。

■サウジアラビアと日本の大きさくらべ
面積は約215万km²。世界12位で中東最大。日本の5.7倍の面積となる。

首都リヤド
初代国王イブン・サウードの出身地。石油産業の発展とともに、中東でも有数の大都市になった。

アラビア半島とアフリカをへだてる紅海
古くからの海上交易路で藻類が海を赤く染めることがあるため、この名がついたという。

国の位置

サウジアラビアってどんな国？

サウジアラビアの国旗
イスラームを表す緑地の上に、白いアラビア文字で『クルアーン』冒頭の聖句「アッラーのほかに神はなし。ムハンマドはアッラーの使徒なり」が書かれている。下にえがかれた白い刀は、サウジアラビアの宝刀「ラハイヤン」で、メッカと王家の勝利を象徴している。聖句が書かれているため、半旗での掲揚はおこなわない。

- **正式国名**　サウジアラビア王国　　**首都**　リヤド
- **人口**　約3228万人
- **通貨**　サウジアラビア・リヤル（1サウジアラビア・リヤル＝約29円）
- **宗教**　イスラーム（スンナ派が主流）
- **おもな言語**　アラビア語
- **おもな民族**　アラブ人
- **おもな産業**　石油産業、石油化学産業
- **GDP（2016年）**　6464億3838万ドル（約69兆8153億円）

メッカにあるモスク マスジド・ハラーム
預言者ムハンマドが生まれ、イスラームを説きはじめた町にある、イスラーム第1の聖地（→3巻30ページ）。中央の黒い立方体がカーバ神殿で、カーバ神殿の方向のことをキブラといい、世界各地のムスリムはキブラの方向を向いて祈りを捧げる。

カフェでくつろぐ若者
イスラームのきまりでお酒は禁止。かわりにコーヒーをゆっくりと味わって飲む。

メディナにある預言者のモスク
イスラーム第2の聖地。メディナはメッカからムハンマドが一時移住し（ヒジュラ→3巻23ページ）、イスラームを広めた地だ。

バラ
サウジアラビアの国花。
Tiger Images/Shutterstock.com

サウジアラビアの改革

サウジアラビアは、中東に進出していたイギリスと協定をむすび、1927年に独立し、1932年に周辺地域を統一しました。20世紀なかばからの油田開発で経済が大きく発展、世界有数の産油国となりました。厳格なイスラーム国家ですが、近年の改革で、これまで禁止されてきた映画館や、女性の自動車運転も解禁されようとしています。

車を運転するアラブ女性
女性の運転解禁は、女性の雇用拡大を目ざしてのこと。電車やバスといった公共交通機関の整備がそれほど進んでいないサウジアラビアでは、車の運転ができるかどうかで仕事のしやすさが大きくかわる。

(29)

古代より民族と文化が行き交う交易の地
シリア

古くから多くの民族や文化が行き交う交易の要地で、遺跡も多数のこされています。なかでもパルミラ遺跡は、シリアを代表する遺跡です。おもな産業は石油産業ですが、産出量は少なく、埋蔵量もあまり多くないとされていて、近い将来枯渇が心配されています。そのため、石油にたよらずにすむよう、農業や牧畜、工業などの産業にも力を入れています。2011年の「アラブの春」を機に激しい内戦となり、それによって発生した難民問題も深刻です（→1巻34ページ）。

■シリアと日本の大きさくらべ
面積は約18万5000km²。世界87位で、日本のおよそ半分。

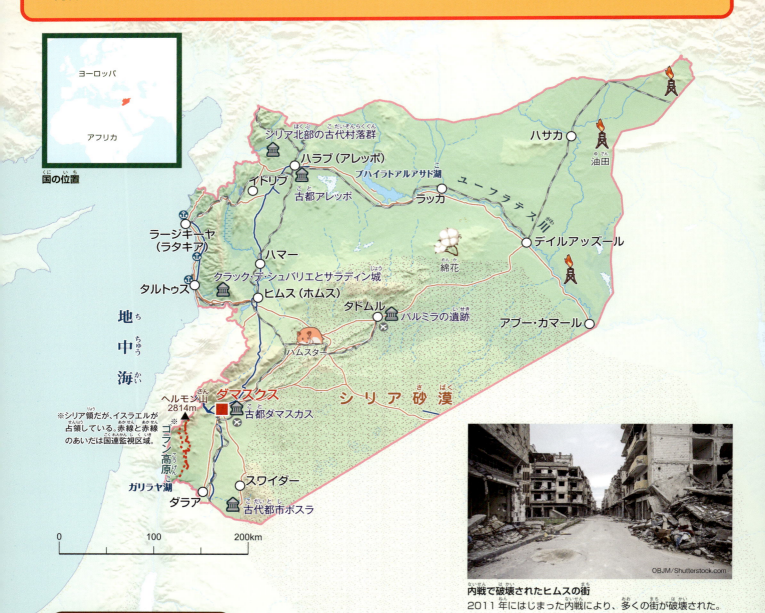

内戦で破壊されたヒムスの街
2011年にはじまった内戦により、多くの街が破壊された。

シリアってどんな国？

シリアの国旗
1958年にシリアとエジプトが連合してアラブ連合共和国を結成した際、その国旗として定められたものを現在も使っている。ふたつの星は、シリアとエジプトを表していた。1961年にアラブ連合を脱退したとき、以前のものにもどされたが、1980年にふたたび連合時代の国旗に復帰した。エジプト国旗は、星のかわりに鷹がえがかれている。

正式国名 シリア・アラブ共和国　**首都** ダマスクス
人口 約2240万人
通貨 シリア・ポンド（1シリア・ポンド＝約0.2円）
宗教 イスラーム（スンナ派が主流）
おもな言語 アラビア語
おもな民族 アラブ人、クルド人、アルメニア人
おもな産業 石油産業、繊維業、食品加工業
GDP（2007年） 404億500万ドル（約4兆3637億円）

古代ローマ神殿跡を利用したダマスクスの市場
ダマスクスには、紀元前10世紀にはすでに先住民アラム人の都市があったという。人が住みつづけている都市としては世界最古とされる。

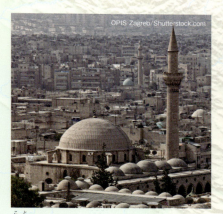

古都アレッポ
アラビア語では「新鮮な乳」という意味のハラブとよぶ。内戦で激しい市街戦が展開されたため、多くの建物が破壊された。

シリアン・ハムスター
ペットとして飼われるゴールデンハムスターは、シリアで発見されたシリアン・ハムスターの子孫だといわれている。

ダマスクローズ
バラの女王ともいわれる、シリアの国花。

アレッポ石けん（右）とその販売店
ハラブ（アレッポ）は石けん発祥の地ともいわれる。地中海沿岸でとれたオリーブオイルとローレルオイルを原料とする。

シリアの難民問題

シリアは、第一次世界大戦後にフランスの支配地となりました。しかし、反フランスの抵抗運動が活発化し、第二次世界大戦後の1946年に独立しました。2011年にはじまる「アラブの春」（→1巻16ページ）は、シリアにも影響をあたえ、国内が内戦状態となってしまいました（→1巻24ページ）。政権側の攻撃で家や家族を失った500万人もの人々が、難民としてトルコやヨーロッパなどへのがれました。

地中海をへてギリシアへ
トルコを出て、ギリシアのレスボス島で救出されるシリア難民。この島には80万人をこえる難民がおしよせた。

古代には地中海貿易で栄えた国

チュニジア

砂漠が多いほかの中東諸国にくらべ、チュニジアの国土には比較的平野と丘陵が多いため、農耕に向いています。河川のほとんどは、ワジとよばれる枯れ川で、雨のあとだけ水が流れますが、北部を流れるメジェルダ川だけは、年間を通じて水が流れています。古代、地中海交易で繁栄し、大きな勢力を築いたフェニキア人の国家カルタゴもチュニジア北部にありました。そのため、遺跡や旧市街地の街並みなどの世界遺産も数多くあり、ヨーロッパの人々を中心に多くの観光客がおとずれます。

■チュニジアと日本の大きさくらべ
面積は約16万4000km²。世界91位で、日本のおよそ5分の2の面積。

カルタゴ遺跡
カルタゴは、北アフリカから、現在のスペインなどをふくむイベリア半島までを支配した。同名の首都は現在のチュニス近郊におかれた。

チュニス郊外のシディ・ブ・サイドの街並み
家々の手すりやドアなどは、チュニジアンブルーといわれるあざやかな青でぬられている。

チュニジアってどんな国？

チュニジアの国旗
色やデザインはオスマン帝国の国旗をもとにしたとされ、また赤はオスマン帝国への反抗勢力が使っていた色でもあるという。三日月はイスラーム（イスラーム教）を象徴するシンボルであると同時に、フェニキアの美の女神タニスを表す意味もあり、古代のチュニジアで栄えたカルタゴでもこのシンボルが使われていたという。

正式国名　チュニジア共和国　首都　チュニス
人口　約1140万人
通貨　チュニジア・ディナール（1チュニジア・ディナール＝約45円）
宗教　イスラーム（スンナ派が主流）
おもな言語　アラビア語
おもな民族　アラブ人
おもな産業　サービス産業、製造業、鉱工業、農業
GDP（2016年）　420億6254万ドル（約4兆5427億円）

チュニジアの首都チュニスの街並み
1956年の独立までフランスの植民地だったため、現在もヨーロッパ風の街並みがのこっている。

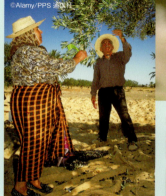

オリーブ（右上）の収穫
チュニジアのオリーブ生産量は世界第4位。オリーブの木の本数は世界第2位だ。

にぎやかなチュニスの市場
チュニス旧市街にある市場。人々のくらしを支える生活雑貨のほか、お土産も売られている。

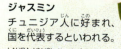

ジャスミン
チュニジア人に好まれ、国を代表するといわれる。

結婚式でのチュニジアの民族衣装
首都のチュニスなどでは、近年ヨーロッパ風の結婚式もふえてきたが、いまでも民族衣装を着けた伝統的な結婚式がのこっている。

ジャスミン革命からアラブの春へ

19世紀後半からフランス領でしたが、1956年に王国として独立、翌年、王制を廃止して共和国になりました。2010年、一人の青年の自殺をきっかけとする民主化デモが全国に拡大し、その結果23年つづいた政権が崩壊しました（ジャスミン革命→1巻18ページ）。この運動は、「アラブの春」という、アラブ諸国全体を巻きこむ大きな民主化運動へと発展していきました。

ジャスミン革命
この名は、チュニジアを代表する花のジャスミンからとられた。役人に暴行を受けた野菜売りの青年の自殺に対する抗議デモが拡大していった。

アジアとヨーロッパにまたがる国
トルコ

　地中海沿岸から黒海沿岸にかけては雨が比較的多く、ティグリス川とユーフラテス川の源流もあり、中東の国々のなかでとくに農業がさかんです。ヨーロッパ側にある最大の都市イスタンブルは、ビザンツ（東ローマ）帝国やオスマン帝国が首都とした東西交流の一大拠点であり、いまでもヨーロッパ最大級の都市です。国民のほとんどがムスリム（イスラーム教徒）で、ヨーロッパの一員を目指してきましたが、近年はイスラーム（イスラーム教）重視の政策にかわってきています。

■トルコと日本の大きさくらべ
面積は約78万km²。世界36位で、日本のおよそ2倍の面積。

ナザル・ボンジュー
トルコの伝統的なお守り。青いガラスに大きな目玉がえがかれている。身に着けると「邪視」から守られるという。

カッパドキア
トルコ中央部の地名。ふしぎな形の岩が無数にならぶ景勝地。1985年、世界遺産に登録された。

国の位置

トルコってどんな国？

トルコの国旗
オスマン帝国が19世紀なかばに制定した国旗が起源で、世界の国旗のなかでは歴史が古いもののひとつ。三日月と星の組みあわせはイスラーム圏の国旗でよく見られるデザインだが、現在のトルコ一帯ではイスラーム以前から使われていたともいわれる。トルコ語では「月星章旗」とよぶ。三日月と星は、その後多くのイスラーム国家で取りいれられた。

正式国名　トルコ共和国　　首都　アンカラ
人口　約7981万人
通貨　トルコ・リラ（1トルコ・リラ＝約31円）
宗教　イスラーム（スンナ派が主流）
おもな言語　トルコ語、クルド語
おもな民族　トルコ人、クルド人、アルメニア人
おもな産業　サービス産業、工業、農業
GDP（2016年）　8637億1171万ドル（約93兆2808億円）

イスタンブールの市場グランド・バザール
旧市街にある、迷路のような中東最大級の屋内市場。

ボスフォラス海峡
アジアとヨーロッパをへだてるせまい海峡。北は黒海へ、南はマルマラ海から地中海へとつづく。

イスタンブールのブルーモスク
青いタイルやステンドグラスで飾られ、「世界でもっとも美しいモスク」といわれている。オスマン帝国第14代皇帝アフメト1世がたてた。

チューリップ
トルコが原産地だ。

エフェソス遺跡
古代ローマ時代に建設された都市の遺跡で、図書館や劇場の跡がのこる。世界遺産に登録されている。

トルコとヨーロッパ

　第一次世界大戦後、トルコ革命によってオスマン帝国の皇帝は追放され、新しくできたトルコ共和国は、宗教が政治にかかわらない国として建国されました。第二次世界大戦後はヨーロッパ寄りの政策をとっており、EUへの加盟も目指しています。しかし、EU諸国からはクルド人の人権を充分に尊重していないという批判もあり（→1巻31ページ）、トルコの加盟をみとめようとしない国もふえています。

伝統的な祝日を祝うイスタンブールのクルド人
トルコはクルド人のもっとも多い国で、1000万～1500万人が住んでいる。イスタンブールだけで190万人がくらしている。

ペルシア湾にうかぶ歴史ある島国
バーレーン

33の島々からなる島国で、面積は東京都の3分の1ほどです。せまい国土の大半は砂漠で、最大の島バーレーン島中部に油田をもち、石油産業や金属工業、近年では金融業が国を支えています。古い時代の記録にものこる歴史ある国で、国民のほぼ全員がムスリム（イスラーム教徒）ですが、宗教的なきびしさは周辺諸国よりもゆるやかで、お酒も店で買ったり飲んだりできます。南東にあるハワール諸島から隣国カタールまでは、約1.5kmしかはなれていません。

■バーレーンと日本の大きさくらべ
面積は約769km²。世界176位で、長崎県にある対馬ぐらいの大きさ。

アムワジ島のマリーナ
アムワジ島はバーレーン北東にある人口の島。マリーナには140隻の船が係留できる。

キング・ファハド・コーズウェイ
バーレーン島とサウジアラビアをむすぶ全長25kmの橋。橋の名前は建設当時のサウジアラビア国王の名前にちなんでいる。

バーレーンの砂漠にある油田
バーレーン島は、ほぼ砂漠におおわれている。ポンプで採掘した原油をパイプラインで石油貯蔵基地へ送る。

バーレーンってどんな国？

バーレーンの国旗
赤は、ペルシア湾岸諸国で用いられる伝統的な色。そのため、19世紀初頭にはじめて制定した国旗は赤1色だった。5つの白いギザギザは、バーレーンの5部族を示すとも、イスラーム（イスラーム教）の五行（→3巻10ページ）を示すともいわれている。国旗の利用についてのきまりはきびしく、一般の国民が掲揚するには許可が必要だ。

正式国名 バーレーン王国　**首都** マナーマ
人口 約142万人
通貨 バーレーン・ディナール（1バーレーン・ディナール＝約294円）
宗教 イスラーム（シーア派が主流）
おもな言語 アラビア語
おもな民族 アラブ人
おもな産業 石油産業、石油化学産業、金融業、金属工業、サービス産業
GDP（2016年） 321億7906万ドル（約3兆4753億円）

首都マナーマの高層ビル群とバーレーン要塞跡（手前）
マナーマには、バーレーンの全人口のうち約10％が住んでいる。ペルシア湾における金融の中心地で、日本からも多くの銀行や証券会社が進出している。

アカンサス
広く親しまれていて、建築などのデザインに取りいれられている。

バーレーン要塞
紀元前2300年ごろのディルムン文明が築いた建物の上に、時代ごとに新しい建物が追加されていった。2004年の発掘まで4分の3が砂にうまっていた。

ワールドトレードセンター
マナーマにある2008年に完成した高さ240mのビル。ビルで使用する電力の約10％が、備えつけの風力発電設備でまかなわれている。

伝統音楽を演奏する人々
宗教的な行事や儀式では、民族衣装を身に着ける。伝統音楽には、家族とはなれて働く真珠とりの悲しみを歌ったフィジェリ、民族音楽のハリージなどがある。

バーレーンでおきた民主化デモ

バーレーンは、19世紀後半にイギリスの支配下にはいり、1971年に独立しました。以来、議会が廃止されるなど国王が強い力をもっていましたが、21世紀にはいってからは民主化へ向かっています。2011年からの「アラブの春」（→1巻16ページ）では、宗教対立や国王への反発などを原因とする、大規模な反政府デモが発生しました。

バーレーン国王
名前はハマド・ビン・イーサ・アール・ハリーファ。民主化に向けた姿勢は評価されているが、政治犯の逮捕などは批判されている。

パレスチナ

イスラエルとの争いが半世紀以上つづくふたつの自治区

パレスチナは、もとは地中海東岸地域をさす地名でした。20世紀はじめにユダヤ人が世界各国から移住をはじめ、パレスチナは、ユダヤ人の国であるイスラエルとアラブ人の国に分けられることになりました。しかし、アラブ人の国をつくることはかなえられず、イスラエルが占領地をさらに拡大したため、激しい紛争になりました。1993年からは、アラブ人を代表するパレスチナ自治政府がふたつの自治区を治めています。パレスチナ紛争は、いまも国際社会の大きな課題となっています。

■パレスチナと日本の大きさくらべ
面積は約6000km²。世界165位で、三重県ぐらいの大きさ。

ガザ地区とイスラエルのあいだの壁
パレスチナとイスラエルを分離する目的で、イスラエルが建設している。西の隣国エジプトとの行き来も大幅に制限されており、ガザ地区は孤立した状態に置かれている。

ヨルダン川
「下降する川」を意味する。周囲の地域にとっては水の供給源として重要な川。キリストはこの川で洗礼を受けたとされる。

パレスチナの位置

パレスチナってどんなところ？

パレスチナの旗
もともとは、トルコ人が支配するオスマン帝国に対するアラブ人の反乱の際に掲げられた旗。現在の旗は1948年に定められ、その後配色を変更したものをPLO（パレスチナ解放機構→1巻22ページ）が採択した。1988年、この旗を国旗として独立を宣言した。パレスチナを国家としてみとめている国もあるが、日本はみとめていない。

正式名称	パレスチナ　自治政府所在地　ラマラ
人口	約495万人
通貨	新シェケル※（1新シェケル＝約32円）
宗教	イスラーム（スンナ派が主流）
おもな言語	アラビア語
おもな民族	アラブ人
おもな産業	サービス産業、貿易業、工業
GDP (2016年)	133億9710万ドル（約1兆4468億円）

※パレスチナ独自の通貨はなく、イスラエルの通貨を使用している。

パレスチナ自治政府の所在地ラマラ
ヨルダン川西岸の中部にある、事実上の首都。もとはキリスト教徒のアラブ人が建設した街で、20世紀にムスリム（イスラーム教徒）が移住した。

2014年、ヘブロンで投石するパレスチナ人の若者
イスラエルの兵士に、石を投げることで抵抗している。こうした抗議行動には、子どもが参加することもある。

ヨルダン川西岸にある都市ナーブルス
ユダヤ教の聖人ヤコブが掘ったとされる「ヤコブの井戸」などがあり、ユダヤ教の聖地でもある。

バラ
パレスチナを代表する花とされている。

パレスチナ問題

　パレスチナは、20世紀初頭までオスマン帝国の領土でした。第一次世界大戦でオスマン帝国と戦ったイギリスは、アラブ人とユダヤ人の両方に「協力すれば国家を建設する」と約束します。この矛盾した約束がふたつの民族の対立をまねきました。建国後のイスラエルは、ヨルダン川西岸を支配していましたが、1993年のオスロ合意で、イスラエルとPLO（パレスチナ解放機構）は、たがいを民族の代表とし、ヨルダン川西岸とガザ地区でのパレスチナ自治をみとめました。

オスロ合意
アメリカのクリントン大統領の仲介で、イスラエルのラビン首相とパレスチナのアラファト議長が協定をむすんだ。オスロとは、事前の仲介で合意成立につくしたノルウェーの首都の名前。

地中海と大西洋を分けるジブラルタル海峡のある国
モロッコ

大西洋に面したアフリカの西側にある国です。アラビア語では、北西アフリカのことをさすことば（→10ページ）を使って「マグレブの王国」といいます。アトラス山脈から流れる大小の河川のおかげで、大西洋岸は農業に適した土地となっており、オリーブやテンサイ、オレンジなどの栽培がおこなわれています。衣類や工芸品などの手工業や、漁業もさかんで、とくにタコは、日本へも輸出しています。肥料の原料となるリン鉱石の産地としても有名です。

■モロッコと日本の大きさくらべ
面積は約44万7000km²。世界57位で、日本の1.2倍だ。

地中海と大西洋のあいだにあるジブラルタル海峡
対岸のジブラルタル（右奥）は、スペイン領内にあるイギリスの海外領土だ。

リン鉱山
肥料の原料などに使われるリンは、モロッコの主要産業のひとつで、古代の動植物の死がいや、鳥のふんなどが長い年月をかけて変化してできる。

国の位置
ヨーロッパ
アフリカ

フェスの街並み
この地を治めたイスラーム王朝の多くが、フェスを首都にした。迷路のような古い街並みがのこり、世界遺産にもなっている。

モロッコってどんな国？

モロッコの国旗
赤い旗は、イスラーム王朝のひとつアラウィー朝がモロッコに王朝を開いたときから使用しているとされる。緑の星は、『旧約聖書』と『クルアーン（コーラン）』に登場するソロモンに由来し、かつてアフリカ諸国で多く使われていた赤地の旗と区別するためにつけくわえられた。幸運の印として知られている。

正式国名	モロッコ王国
首都	ラバト
人口	約3528万人
通貨	モロッコ・ディルハム（1モロッコ・ディルハム＝約12円）
宗教	イスラーム（スンナ派が主流）
おもな言語	アラビア語、ベルベル語
おもな民族	アラブ人、ベルベル人
おもな産業	農業、水産業、鉱業、工業、観光業
GDP（2016年）	1036億632万ドル（約11兆1894億円）

カサブランカの街並み
大西洋に面したモロッコ最大の港湾都市で、貿易や金融、商業の中心でもある。

モロッコのタジン鍋
羊肉や鶏肉にスパイスや野菜をのせ、とんがり帽子のようなふたつきの鍋で蒸し焼きにする。北アフリカで広く見られる。

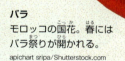

バラ
モロッコの国花。春にはバラ祭りが開かれる。

アルガンノキに登って実や葉を食べるヤギ
アルガンノキはきびしい環境でも育ち、ヤギが登ってえさにすることで知られる。タネからとれる油は高級化粧品の材料になる。

雪をかぶったアトラス山脈
モロッコとチュニジアにかけて東西に広がる。モロッコには4000m級の山もあり、サハラ砂漠に近くても高山地帯には雪が多い。

モロッコと西サハラ

20世紀はじめ、モロッコ進出をめぐるフランスとドイツの対立のすえ、1912年にモロッコはフランスの支配下にはいりました。1930年代から独立運動がはじまり、1956年に独立しました。1976年には南に接する西サハラをモーリタニアと分割し、1979年のモーリタニア撤退後は、西サハラの独立をめざす勢力と領有を争っています。

ラーユーン
周囲を砂漠にかこまれた、西サハラ最大の都市で、スペイン領だったときには首都だった。いまでも独立派は首都と定めているが、事実上モロッコが支配している。

ムハンマド直系の子孫が治める王国
ヨルダン

正式国名にある「ハシェミット」とは、ヨルダンの王家ハーシム家のことです。ハーシム家は預言者ムハンマドの直系の子孫で、かつてはメッカの太守（統治者）を代々務めた家柄です。ヨルダンの国土の大部分は砂漠で、おもな産業は、ヨルダン川東岸に集中した農業や鉱業のほか、衣料品や化学肥料などの製造業や観光業、金融業です。しかし、どの産業も規模は小さいため、外国からの援助や、外国ではたらく出稼ぎ労働者からの送金も重要な収入となっています。

■ヨルダンと日本の大きさくらべ
面積は約8万9000km²。世界110位で、日本の4分の1ぐらい。

ヨルダン南部ワジ・ラム近郊の砂漠
ワジ・ラムは「月の谷」という意味。岩山のふもとにワジ（枯れ川）がつづく。

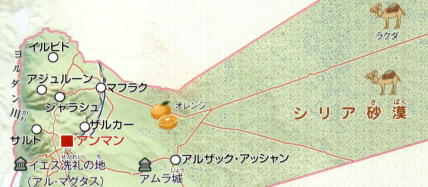

国の位置

ヨルダンのフルーツマーケット
くだもの市場では、色とりどりのフルーツが売られている。そのまま食べるのはもちろん、ジュースにするのも人気だ。

ヨルダンってどんな国？

ヨルダンの国旗
第一次世界大戦中、オスマン帝国に対するアラブ人反乱軍が使っていた旗がもと。黒はアッバース朝、白はウマイヤ朝、緑はファーティマ朝およびイスラーム（イスラム教）を表す。左側の赤は王家と、1917年のアラブ反乱を象徴する。7つの突起をもつ星は『クルアーン（コーラン）』冒頭の聖句が7つの単語からなることを象徴している。

正式国名　ヨルダン・ハシェミット王国　首都　アンマン
人口　約945万人
通貨　ヨルダン・ディナール（1ヨルダン・ディナール＝約156円）
宗教　イスラーム（スンナ派が主流）
おもな言語　アラビア語
おもな民族　アラブ人
おもな産業　製造業、運輸・通信業、金融業、観光業
GDP（2016年）　386億5472万ドル（約4兆1747億円）

© 鈴木革/PPS通信社

多くの人や車が行き交う首都アンマンの街並み
第一次世界大戦のころまでは小さな村だったが、ヨルダンの首都になって発展し、中東でも有数の大都市となった。

Sean Pavone/Shutterstock.com

死海沿岸の塩の結晶
死海の水にふくまれる塩分が波打ち際などにかたまったもの。いろいろな形の結晶ができる。

砂絵ボトル
砂漠でとれるさまざまな色の岩を細かくくだいた砂で、びんのなかに絵をえがく。

ブラックアイリス
アヤメの一種で、黒に近い紫色の花を咲かせる品種は世界的にもめずらしい。
Vilor/Shutterstock.com

Tayba7113/Shutterstock.com

世界遺産ペトラ遺跡
岩肌をくりぬいてつくられた建造物がいくつもある。東西交易の中継地として栄えた古代のようすをいまに伝える。

ヨルダンの難民問題

　ヨルダンは、長くオスマン帝国の一部でしたが、1919年にイギリスの支配下にはいりました。1946年に独立しましたが、1967年にイスラエルによって、ヨルダン川西岸をうばわれました。その後はパレスチナ難民などを受けいれており、いまでも多くの難民が周辺国から流入しています。現在の国の人口の約1割が難民といわれています。

Ehab Othman/Shutterstock.com

ヨルダンにある難民キャンプ
ヨルダンには中東各地から多くの難民が避難してくるため、社会問題になっている。

43

リビア

地中海に面し、国土の大部分を砂漠がしめる国

古代以来、ギリシアやローマ、オスマン帝国などの支配を受けた地域で、20世紀にはいってからはイタリアの植民地となりました。第二次世界大戦後、3つの地域による連合王国として独立。その後クーデターや革命、内戦をへて、現在のリビアにいたっています。カダフィ大佐の軍事独裁政権時代は、数々のテロに関与しているとして、欧米諸国とは対立関係にありました。都市と人口は地中海沿岸に集中していて、内陸部には世界最大の砂漠、サハラ砂漠が広がり、油田が分布しています。

■リビアと日本の大きさくらべ
面積は約176万km²。世界16位で、日本の4.7倍ぐらいの面積。

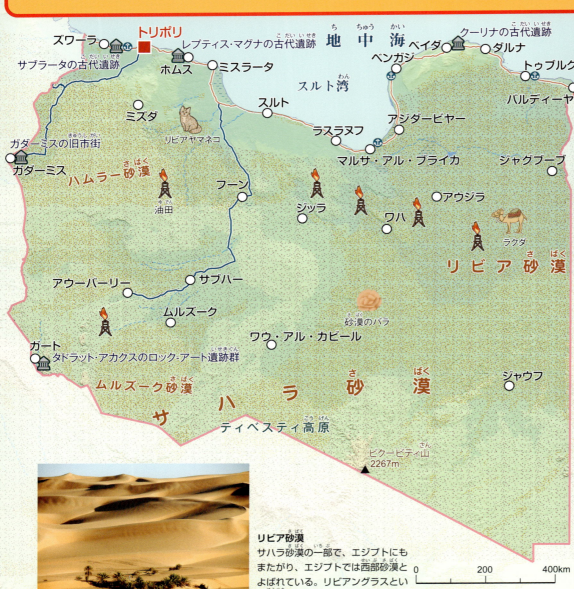

リビアのスイカ売り
スイカの原産地はアフリカといわれており、5000年前のリビアの集落遺跡からもスイカのタネがみつかっている。

国の位置

リビア砂漠
サハラ砂漠の一部で、エジプトにもまたがり、エジプトでは西部砂漠とよばれている。リビアングラスという宝石がとれる。

リビアってどんな国？

リビアの国旗
第二次世界大戦後の王政時代に制定されたもので、赤は力、黒はムスリム（イスラーム教徒）の戦い、緑はイスラーム（イスラーム教）の色と聖地への想い、白は国民を象徴している。王政廃止後は、アラブ統一の理念のもとエジプトと同じ国旗を採用したが、エジプトのイスラエル接近に抗議し、緑一色の旗に変更。2011年、王政時代の国旗にもどされた。

正式国名 リビア　**首都** トリポリ
人口 約628万人
通貨 リビア・ディナール（1リビア・ディナール＝約82円）
宗教 イスラーム（スンナ派が主流）
おもな言語 アラビア語
おもな民族 アラブ人
おもな産業 石油産業
GDP (2011年) 346億9939万ドル（約3兆7475億円）

歴史的建物がたちならぶ首都トリポリの旧市街
トリポリとは、ギリシア語で3つの都市という意味をもつ。トリポリにあったカルタゴの植民都市オエア、サブラータ、レプティス・マグナの3つをさす。

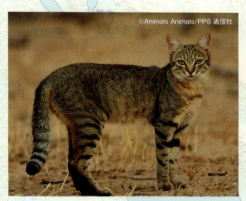

リビアヤマネコ
リビアを原産とする野生のネコでアフリカヤマネコともいう。現在飼われているイエネコの祖先とされている。

Franco Volpato / Shutterstock.com

砂漠のバラ（デザートローズ）
砂漠で見られる石。水にふくまれていたミネラル分が、水の蒸発とともに結晶化してバラの花の形になったもの。

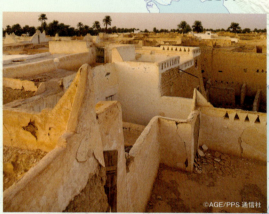

世界遺産ガダーミスの旧市街
西部にある、古代ローマ時代の都市の遺跡。リビア内戦で破壊が心配され、危機遺産に登録された。

ザクロ
ザクロの花が国花。
Tim UR/Shutterstock.com

リビア内戦

王国だったリビアは、1969年カダフィらのクーデターで社会主義的な国家へとかわり、当時のソ連（いまのロシア）と友好関係を築きました。その後、西ヨーロッパでのテロ活動への支援がうたがわれるなど、アメリカや西ヨーロッパ諸国と敵対しました。2011年の「アラブの春」（→1巻16ページ）で、カダフィ政権は崩壊しましたが、その後も政治は安定せず、激しい内戦がつづいています。

カダフィ（1942〜2011）
リビア軍の軍人出身。クーデターでリビアに軍事独裁政権を築いたが、内戦によって政権は崩壊した。カダフィは、逃亡中に民衆によって殺害された。

ムスリムだけでなくキリスト教徒も多い商業の国
レバノン

地中海沿岸には地形的にすぐれた港が多く、古代はフェニキア人たちの貿易拠点として栄えました。いまも中継貿易のほか金融業など商業がさかんで、1970～80年代の内戦以前はリゾート地としてもにぎわいました。地形は山がちで、国の中央にはレバノン山脈があり、その西側はレバノンスギなどの森林におおわれています。気候は温暖で、海沿いではオレンジや野菜、山地ではオリーブやブドウなどの栽培がさかんです。冬の山岳地帯は気温が低く、積雪も見られます。

■レバノンと日本の大きさくらべ
面積は約1万km²。世界163位で、岐阜県ぐらいの面積。

カディーシャ渓谷
レバノンスギが自生する渓谷。1998年、世界自然遺産に指定された。

レバノン南部の果樹園
オリーブやブドウなどの栽培がさかん。

アレイの南東にあるデイル・エル・カマール村の広場
「デイル・エル・カマール」は「月の修道院」の意味。レバノン最古のモスクがある。

レバノンってどんな国？

レバノンの国旗
「レバノン」は白い山という意味で、ヘルモン山の積雪と石灰質の国土に由来する。国旗の白い部分はそうした国土の特徴と平和を象徴し、上下の赤い部分は、国への献身と犠牲を表す。中央の樹木は国樹レバノンスギ。『旧約聖書』によれば、古代イスラエル王国のソロモン王は、レバノンスギで宮殿をたてたといわれている。

正式国名 レバノン共和国　**首都** ベイルート
人口 約598.8万人
通貨 レバノン・ポンド（1レバノン・ポンド=約0.07円）
宗教 イスラームとキリスト教
おもな言語 アラビア語
おもな民族 アラブ人
おもな産業 金融業、観光業、食品加工業
GDP（2016年） 495億9882万ドル（約5兆3566億円）

山から見た首都ベイルートの街並み
レバノンの人口はムスリム（イスラーム教徒）とキリスト教徒がほぼ半数ずつで、ほかにもさまざまな宗教の人々が、入りまじってくらしている。

ベイルート中心部にならびたつモスクと教会
モスク（左）とキリスト教の教会がとなりあわせという、めずらしい光景。ベイルートにはムスリムだけでなくキリスト教徒も多いため、キリスト教の教会も多い。

レバノンスギ
古代には、この木でできた船が貿易に活躍した。

レバノン南部のティルス遺跡
フェニキア人の都市国家遺跡。現在無人となった都市ティルス出身のフェニキア人が、チュニジアの都市国家カルタゴを築いた（→ 32ページ）。

宗教的対立でおきたレバノン内戦

　第一次世界大戦後のレバノンは、フランスの保護下に置かれており、独立戦争をへて 1943 年に独立を達成しました。1975 年、レバノン政府のキリスト教徒優遇政策に反発したムスリムの各宗派とパレスチナ人が、キリスト教徒と衝突し、それが内戦に発展しました。これにシリアやイスラエルが介入し、内戦は約 15 年間つづきました。

内戦で破壊された建物
宗教的な対立から発展したレバノンの内戦は 15 年間つづいた。その傷あとは、いまでも国のあちこちにのこる。レバノン内戦は第五次中東戦争ともよばれている。

監修
内藤正典　ないとう まさのり
同志社大学大学院グローバルスタディーズ研究科長・教授。1956年東京都生まれ。1979年東京大学教養学部科学史・科学哲学分科卒業。東京大学大学院理学系研究科地理学専門課程（修士課程）修了。東京大学助手、一橋大学大学院教授などを経て、現在に至る。専門は、現代イスラーム地域研究。著書に『となりのイスラーム―世界の3人に1人がイスラム教徒になる時代』（2016年／ミシマ社）、『イスラームから世界を見る』（2012年／ちくまプリマー新書）など多数。

執筆
長島遥・李聖史（ジオカタログ）
偕成社編集部

イラストレーション・地図
明石真里子（ジオカタログ）
ハユマ

地図調製
ジオカタログ
Portions Copyright © 2017 GeoCatalog Inc.

校正・校閲
鷗来堂

組版DTP
ニシ工芸

編集・制作
ジオカタログ
戸松大洋・小西麻衣・原口結・佐藤朝子・武田佳奈子（ハユマ）

写真協力
PPS通信社、Shutterstock、123RF

Q&Aで知る中東・イスラーム 5

地図・写真・データで見る
中東の国々

発　行／2018年4月　初版1刷

発行者／今村正樹
発行所／偕成社
〒162-8450 東京都新宿区市谷砂土原町3-5
Tel:03-3260-3221［販売］03-3260-3229［編集］
http://www.kaiseisha.co.jp/

装丁・デザイン／岩郷重力＋WONDER WORKZ。
印刷／大日本印刷
製本／東京美術紙工協業組合

48p　29cm　NDC167　ISBN978-4-03-705150-1
©2018, KAISEI-SHA　Published by KAISEI-SHA. Printed in Japan.
乱丁・落丁本はおとりかえいたします。
本のご注文は電話・ファックスまたはEメールでお受けしています。
Tel:03-3260-3221　Fax:03-3260-3222　e-mail:sales@kaiseisha.co.jp

---

おもな参考文献
陰山英男監修『改訂新版 辞書びきえほん 世界地図』（ひかりのくに）／苅安望『改訂版 世界の国旗図鑑』（偕成社）／世界各国ハンドブック編集委員会編『ニュースがわかる世界各国ハンドブック』（山川出版社）／世界情勢を読む会編著『ゼロからわかる世界情勢地図の読み方』（実務教育出版）／全国歴史教育研究協議会編『世界史用語集』（山川出版社）／ダン・スミス『中東世界データ地図 歴史・宗教・民族・戦争』（原書房）／辻原康夫編著『世界の国旗大百科』（人文社）／吹浦忠正『世界の国旗ビジュアル大事典 第2版』（学研教育出版）／『世界の国ぐに探検大図鑑』（小学館）／CIA "The World Factbook"／National Geographic "Atlas of the Middle East" このほか、外務省ウェブサイト「国・地域」内の各国情報ページなど多数のウェブサイトを参考にしました。

さくいん

あ

アカンサス…37
アデン…12,13
アトラス山脈…10,40,41
アナトリア高原…34
アブダビ…8,9
アムワジ島…36
アラビア海…18,22
アラビア半島…23,28
アラブの春…21,24,30,31,33,37,45
アルジェ…10,11
アル・ジャジーラ…24
アル・ズバラ考古遺跡…24,25
アルメニア…4,5
アルガンノキ…41
アレッポ…30,31
アンカラ…34
アンマン…42,43
イスタンブル…34,35
イスファハーン…18
イラク戦争…16,17
イラン革命…18,19
岩のドーム…15
エーラト…14
エズレル平野…14
エフェソス遺跡…35
エルサレム…14,15,38
王家の谷…21
オスロ合意…39
オリーブ…15,33,46

か

カーネーション…25
カーバ神殿…28,29
カーブル…6,7
カイロ…20,21
ガザ地区…38
カサブランカ…40,41
カスピ海…4,18
ガダーミス…44,45
カダフィ…44,45
カッパドキア…34

カディーシャ渓谷…46
カナート…18,19
カフカス山脈…4,5
ガリラヤ湖…14,30
カルタゴ…32,45,47
ギザ…20,21
キング・ファハド・コーズウェイ…36
クウェート…26,27
クルド人…16,17,18,30,34,35
紅海…12,14,20,28
コーヒー…12,13,29
コーヒーノキ…13
黒海…34,35
ゴラン高原…14,15,30

さ

ザーグロス山脈…16,18
ザクロ…6,18,45
サヌア…12,13
サハラ砂漠…10,11,20,32,41,44
シーア派…4,16,18,36
ジェミラ…10,11
死海…14,38,42,43
ジッダ…28
シナイ半島…20
シバーム…12
ジブラルタル海峡…40
ジャスミン…33
ジャスミン革命…33
首長国…8,9,24
シリア砂漠…16,17,30,42
スイカ…34,44
スイレン…21
スエズ運河…20
砂絵ボトル…43
スフィンクス…21
スンナ派…6,8,12,20,24,26,28,30,32,34,38,40,42,44
石けん…31

た

ダイヤモンド…14
タジン鍋…41
タッシリ・ナジェール…10,11